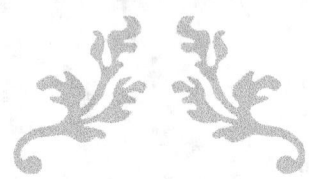

60 Maneras de Ganar Dinero por Internet

Cómo Ganar Dinero Online

Pedro Agüero Vallejo

DEDICATORIA

Para Ynocencia Fernández de Agüero
Marlene Lioced, Jeffrey bienvenido,
Pedro Joel Agüero.

Tabla de contenido

Introducción 6
Capítulo 1: 8
La actividad Freelancing 8
Capítulo 2 13
La actividad de vender en línea 13
Capítulo 3: 17
El Marketing en línea 17
Capítulo 4: 23
Las Inversiones en Línea 23
Capítulo 5: 29
Trabajos Remotos 29
Capítulo 6: 35
Enseñanza en línea y los 35
Trabajos Remotos 35
Capítulo 7: 41
Otras formas de ganar dinero en línea. 41
Capítulo 8: 53
La IA en los negocios: Una revolución tecnológica .. 53
Capítulo 9: 61
Gana dinero en línea con imágenes digitales 61

Capítulo 10: 69
Escribe ideas de ganar dinero con videos para youtube 69
Capítulo 11: 77
Gana Dinero por Internet con Prompts Engeneering para i.a 77
Capítulo 12: 87
Ganar Dinero por Internet es una Excelente Opción 87
Conclusión 93
OTRAS OBRAS DEL AUTOR 96

Introducción

En la era digital en la que vivimos, el dinero en línea se ha convertido en una de las formas más populares y efectivas de generar ingresos. Cada vez son más las personas que deciden abandonar los trabajos tradicionales y optar por ganar dinero desde la comodidad de su hogar, utilizando únicamente su computadora y su conexión a internet. Sin embargo, no todos saben cómo hacerlo de manera efectiva y constante.

Es por eso que en este libro, hemos recopilado 60 formas comprobadas de ganar dinero en línea, para que puedas elegir la que mejor se adapte a tus habilidades y necesidades.

Cada día son más las personas que buscan formas alternativas de generar ingresos sin tener que salir de su hogar. Afortunadamente, internet nos ha brindado una gran cantidad de oportunidades para ganar dinero desde cualquier lugar del mundo y en cualquier momento.

Aquí te presentamos 60 ideas que van desde la venta de productos y servicios en línea hasta la creación de contenido en redes sociales y plataformas de video.

Cada una de estas ideas ha sido investigada y probada por expertos en el tema, y han sido seleccionadas por su capacidad para generar ingresos de manera confiable y sostenible.

¡Esperamos que encuentres la inspiración que necesitas para comenzar tu camino hacia el éxito financiero en línea!

Capítulo 1:
La actividad Freelancing

El freelancing o trabajo independiente, es una de las formas más populares de ganar dinero en línea. En esta sección del libro, te enseñaremos cómo puedes empezar a trabajar como freelancer y ganar dinero desde la comodidad de tu hogar.

El freelancing es una forma de trabajo independiente que ha cobrado mucha popularidad en los últimos años. Un freelance es un trabajador por cuenta propia que ofrece sus servicios a otros, de forma contractual. Este modelo de trabajo permite una mayor flexibilidad en cuanto a horarios y lugar de trabajo, lo que se traduce en una mejor calidad de vida para muchos profesionales.

En la práctica, el freelance puede trabajar con empresas o particulares, y puede tener varios contratos al mismo tiempo. Además, existen diferentes tipos de freelancing, como el diseño gráfico, la programación, la redacción de contenido, entre otros. Cada tipo de freelance requiere habilidades y conocimientos específicos, por lo que es importante tener una formación adecuada para poder destacar en el mercado laboral.

Una de las principales ventajas del freelancing es que permite trabajar desde cualquier lugar del mundo, siempre y cuando se cuente con una conexión a internet. Esto ha abierto la posibilidad de trabajar con clientes de diferentes países, lo que a su vez aumenta las oportunidades de negocio.

Sin embargo, también hay que tener en cuenta que el freelance debe ser capaz de gestionar su tiempo de forma eficiente y organizada, ya que no cuenta con un jefe que le indique las tareas a realizar.

En cuanto a los salarios, el freelancing puede ser muy rentable si se cuenta con habilidades y conocimientos específicos que sean demandados en el mercado.

Además, al no tener que pagar gastos de oficina o transporte, el freelance puede fijar tarifas más competitivas que las empresas tradicionales. Según, los salarios de los freelancers pueden variar mucho dependiendo del tipo de trabajo, la experiencia y las habilidades, pero en general pueden ser muy atractivos.

Esta actividad laboral que ha ganado mucha popularidad en los últimos años gracias a su flexibilidad y la posibilidad de trabajar desde cualquier lugar del mundo. Si estás considerando dedicarte a esta actividad, es importante tener una formación adecuada y ser capaz de gestionar tu tiempo de forma eficiente para poder aprovechar al máximo todas las oportunidades que ofrece el mercado.

Diseñador gráfico: Si tienes habilidades en diseño gráfico, puedes ofrecer tus servicios como freelancer a través de plataformas como Upwork, Freelancer, o Fiverr.

Redactor de contenido: Si eres bueno escribiendo, puedes ofrecer tus servicios como redactor de contenido para sitios web y blogs. La demanda de contenido de calidad en internet está en constante crecimiento, ya que las empresas buscan mejorar su presencia en línea y atraer más visitantes a sus sitios.

Como redactor de contenido, tu trabajo incluirá la creación de artículos, publicaciones de blog, descripciones de productos y otros tipos de contenido escrito. Es fundamental conocer técnicas de SEO (optimización para motores de búsqueda) para asegurar que los textos estén optimizados y ayuden a mejorar el posicionamiento en Google.

Además, debes adaptarte al estilo y tono de cada cliente, investigando a fondo los temas sobre los que escribes para proporcionar información precisa y valiosa. Plataformas como Upwork, Freelancer y Fiverr pueden ser útiles para encontrar clientes, pero también es recomendable crear un portafolio en línea y promocionarte en redes sociales y foros especializados en redacción.

Traductor: Si hablas varios idiomas, puedes ofrecer tus servicios de traducción a través de plataformas como TranslatorsCafe o ProZ. La globalización ha incrementado la necesidad de traducción en diversos campos como negocios, medicina, tecnología, y literatura.

Como traductor, no solo debes tener un excelente dominio de los idiomas de origen y destino, sino también comprender las sutilezas culturales y contextuales de cada idioma para garantizar traducciones precisas y naturales.

Además de las plataformas mencionadas, también puedes buscar oportunidades en Upwork, Freelancer y Fiverr, o contactar directamente con agencias de traducción. Para destacarte en este campo, es útil especializarse en un área específica, como la traducción técnica o jurídica, y obtener certificaciones reconocidas.

Mantenerte actualizado con las herramientas de traducción asistida por computadora (CAT tools) puede mejorar tu eficiencia y precisión. Construir un portafolio con trabajos previos y testimonios de clientes satisfechos también ayudará a atraer más clientes y mejorar tu reputación profesional.

Capítulo 2
La actividad de vender en línea

La venta en línea es otra forma muy popular de ganar dinero en línea. En este capítulo, te mostraremos cómo puedes empezar a vender en línea y cómo puedes maximizar tus ganancias.

Vender en línea puede ser una excelente manera de maximizar la ganancia de un negocio. Sin embargo, es importante tener en cuenta que esto no es algo que se logre de la noche a la mañana, sino que requiere tiempo, esfuerzo y planificación. No existen fórmulas mágicas para enriquecerte rápidamente y sin ningún esfuerzo, es necesario que te enfoques en lo que emprendes.

Lo primero que debemos hacer es definir el público objetivo al que queremos llegar y conocer sus necesidades y preferencias. A partir de allí, podemos diseñar una estrategia de marketing efectiva que nos permita llegar a nuestro público de manera eficiente y con un mensaje adecuado.

Es importante elegir una plataforma de venta en línea que se ajuste a nuestras necesidades y presupuesto. Existen muchas opciones, desde plataformas gratuitas hasta plataformas de pago que ofrecen funciones avanzadas de venta y análisis de datos.

Otro aspecto importante es el diseño y la presentación de nuestros productos. Es importante contar con fotografías de alta calidad y descripciones claras y detalladas de los productos. También es fundamental ofrecer un servicio de atención al cliente de calidad, que permita responder de manera rápida y efectiva las preguntas y dudas de los clientes.

Finalmente, es fundamental estar dispuestos a aprender y a adaptarnos a los cambios del mercado. El mundo del comercio electrónico evoluciona constantemente, por lo que es importante estar al día en cuanto a tendencias y nuevas tecnologías para poder seguir siendo competitivos.

Vender en línea puede ser una excelente manera de maximizar la ganancia de un negocio, pero requiere tiempo, esfuerzo y planificación. Es importante conocer a nuestro público objetivo, elegir una plataforma adecuada, cuidar la presentación de nuestros productos y ofrecer un servicio de atención al cliente de calidad. Además, debemos estar dispuestos a aprender y a adaptarnos a los cambios del mercado para seguir siendo competitivos.

Vender productos físicos: Si tienes un producto físico que quieras vender, puedes hacerlo a través de plataformas como Amazon o eBay. Estas plataformas te permiten llegar a una amplia audiencia global sin necesidad de una tienda física.

Primero, necesitas identificar un nicho de mercado y asegurarte de que tu producto se destaque por su calidad y valor. Crear descripciones detalladas y atractivas, junto con imágenes de alta calidad, es crucial para atraer compradores.

Amazon ofrece programas como FBA (Fulfillment by Amazon), que maneja el almacenamiento, el envío y el servicio al cliente por ti, permitiéndote concentrarte en el crecimiento de tu negocio.

En eBay, puedes aprovechar las subastas para vender productos únicos o raros a precios competitivos. Además, es fundamental gestionar las opiniones y calificaciones de los clientes, ya que influyen significativamente en la percepción y confianza de futuros compradores.

Utiliza herramientas de análisis proporcionadas por estas plataformas para ajustar tus estrategias de venta y optimizar tus listados para mejorar la visibilidad y las ventas.

Vender productos digitales: Si tienes habilidades en diseño gráfico, programación, o escritura, puedes vender productos digitales como eBooks, plantillas, o programas.

Dropshipping: El dropshipping es un modelo de negocio en el que vendes productos sin tenerlos en stock. En lugar de comprar inventario por adelantado, trabajas con un proveedor que envía los productos directamente a tus clientes.

Este modelo elimina los costos y riesgos asociados con el almacenamiento y la gestión del inventario. Puedes utilizar plataformas como Oberlo o AliExpress para encontrar productos y proveedores confiables.

Una vez que configuras tu tienda en línea, puedes importar productos a tu catálogo con unos pocos clics. La clave del éxito en el dropshipping es elegir un nicho rentable, crear una tienda en línea atractiva y optimizada, y realizar campañas de marketing efectivas para atraer tráfico a tu sitio.

Utilizar herramientas de análisis para monitorear las tendencias de ventas y ajustar tu estrategia según el comportamiento del mercado también es crucial. Además, es importante ofrecer un excelente servicio al cliente y mantener una comunicación fluida con tus proveedores para garantizar que los pedidos se procesen y entreguen sin problemas.

Capítulo 3:
El Marketing en línea

El marketing en línea se ha convertido en una de las habilidades más valiosas que se pueden tener en el mundo digital. Si bien es cierto que no es una tarea fácil, el esfuerzo y la dedicación pueden generar excelentes resultados y recompensas financieras.

Al emprender en línea, el marketing digital se convierte en una herramienta esencial para lograr el éxito en cualquier tipo de negocio en línea. Con el marketing en línea, puedes llegar a una audiencia global, crear una marca sólida y establecer una relación duradera con tus clientes.

Las redes sociales, los motores de búsqueda, el correo electrónico y el marketing de contenido son solo algunas de las herramientas de marketing en línea que puedes utilizar para aumentar la visibilidad de tu negocio en línea y atraer a un público más amplio.

Con un enfoque adecuado y una estrategia bien desarrollada, el marketing en línea puede ayudarte a generar grandes ganancias y a lograr la independencia financiera. No hay límites en cuanto a la cantidad de dinero que puedes ganar, todo depende del esfuerzo que estés dispuesto a invertir y de la pasión que tengas por lo que haces.

Por lo tanto, si estás buscando emprender en línea, no subestimes el poder del marketing en línea. Aprende esta habilidad, ponla en práctica y conviértete en un experto en marketing en línea. Verás cómo tus esfuerzos valdrán la pena y cómo el dinero comenzará a fluir hacia ti. ¡El cielo es el límite!

Marketing de afiliados: El marketing de afiliados es un modelo de negocio en el que promocionas productos de otras personas y ganas una comisión por cada venta que generes a través de tus enlaces únicos de afiliado.

Este modelo permite a los emprendedores monetizar sus blogs, sitios web o redes sociales sin necesidad de crear sus propios productos. Para empezar, necesitas unirse a programas de afiliados como Amazon Associates, ShareASale, o Commission Junction.

Una vez registrado, puedes seleccionar productos relevantes para tu audiencia y comenzar a promocionarlos a través de contenido de calidad, como reseñas, tutoriales, o recomendaciones en tus plataformas digitales.

Es fundamental ser transparente con tu audiencia sobre tu participación en programas de afiliados para mantener la confianza y credibilidad. Además, utilizar técnicas de SEO para mejorar el posicionamiento de tu contenido y estrategias de marketing en redes sociales puede incrementar tu alcance y potencial de ganancias.

Analizar el rendimiento de tus enlaces de afiliado y ajustar tus estrategias en función de los resultados te ayudará a optimizar tus ingresos a largo plazo.

Publicidad en línea: Si tienes habilidades en marketing, puedes ofrecer servicios de publicidad en línea a empresas que quieran mejorar su presencia en la web.

Este servicio incluye la creación y gestión de campañas publicitarias en plataformas como Google Ads, Facebook Ads, Instagram, y LinkedIn. Los especialistas en publicidad en línea deben entender cómo segmentar audiencias, definir objetivos claros y optimizar anuncios para maximizar el retorno de inversión (ROI).

Crear anuncios efectivos implica diseñar creativos atractivos y redactar copias persuasivas que resuenen con el público objetivo. También es esencial realizar un seguimiento y análisis constante del rendimiento de las campañas para hacer ajustes y mejorar los resultados.

Ofrecer estos servicios puede incluir la gestión de presupuestos publicitarios, la realización de pruebas A/B, y el análisis de métricas clave como la tasa de clics

(CTR), el costo por clic (CPC), y la conversión. Las empresas valoran estos servicios ya que pueden generar tráfico de calidad a sus sitios web, aumentar las ventas y fortalecer su presencia en línea.

Marketing de contenidos: Si tienes habilidades en redacción y diseño gráfico, puedes ofrecer servicios de marketing de contenidos a empresas que quieran mejorar su presencia en línea.

El marketing de contenidos implica la creación y distribución de contenido valioso y relevante para atraer y retener a una audiencia específica.

Este contenido puede incluir artículos de blog, infografías, videos, ebooks, publicaciones en redes sociales y boletines informativos. Tu trabajo consistirá en desarrollar estrategias de contenido alineadas con los objetivos de la empresa, como aumentar el tráfico web, generar leads o mejorar la fidelización de clientes.

Conocer técnicas de SEO es crucial para asegurar que el contenido sea fácilmente encontrado por los motores de búsqueda. Además, la capacidad de crear gráficos atractivos y visualmente impactantes puede mejorar la efectividad del contenido y captar mejor la atención del público.

Ofrecer servicios de marketing de contenidos también implica la analítica y evaluación del rendimiento del contenido para ajustar estrategias y maximizar los resultados. Las empresas valoran estos servicios porque el contenido de calidad puede fortalecer la marca, educar a los clientes y, en última instancia, impulsar las ventas.

Capítulo 4:
Las Inversiones en Línea

Las inversiones en línea se han convertido en una forma popular de generar ingresos pasivos. A diferencia de la inversión tradicional, las inversiones en línea ofrecen una amplia variedad de opciones, lo que te permite diversificar tu cartera y encontrar la inversión adecuada para ti.

En este capítulo, te mostraremos varias maneras de cómo puedes empezar a invertir en línea y cómo puedes maximizar tus ganancias. Pero primero, ¿qué es una inversión en línea?

Una inversión en línea es una forma de invertir en activos financieros a través de plataformas digitales. Estas plataformas te permiten comprar y vender activos financieros como acciones, bonos, divisas y criptomonedas, entre otros.

Una de las formas más populares de invertir en línea es a través de la bolsa de valores. La bolsa de valores te permite comprar y vender acciones de empresas públicas, lo que te permite ser dueño de una pequeña parte de la empresa y obtener ganancias a través de dividendos y la apreciación del valor de las acciones.

Otra forma popular de invertir en línea es a través de fondos de inversión. Los fondos de inversión son administrados por profesionales que invierten en una variedad de activos financieros. Al invertir en un fondo de inversión, diversificas tu cartera y reduces el riesgo de perder tu inversión.

Las criptomonedas son una forma relativamente nueva de inversión en línea. Las criptomonedas son monedas digitales descentralizadas que utilizan la tecnología blockchain. La inversión en criptomonedas puede ser muy rentable, pero también es muy volátil y riesgosa.

Para maximizar tus ganancias en las inversiones en línea, es importante que investigues y aprendas todo lo que puedas sobre el activo financiero en el que estás invirtiendo. También es importante que diversifiques tu cartera y no inviertas todo tu dinero en una sola inversión.

Las inversiones en línea son una forma efectiva de generar ingresos pasivos. Hay muchas opciones disponibles y es importante investigar y aprender sobre cada una de ellas antes de invertir. Con la estrategia adecuada, puedes maximizar tus ganancias y alcanzar tus metas financieras.

Inversiones en criptomonedas:

Las criptomonedas son una forma popular de invertir en línea debido a su potencial de altas ganancias y la innovación tecnológica que representan.

Puedes empezar a invertir en criptomonedas a través de plataformas como Coinbase o Binance, que son seguras y fáciles de usar. Antes de invertir, es fundamental entender los conceptos básicos de las criptomonedas, cómo funcionan las blockchains, y los riesgos asociados, ya que el mercado de criptomonedas es altamente volátil.

Investigar y seguir de cerca las tendencias del mercado, así como diversificar tu cartera invirtiendo en diferentes criptomonedas como Bitcoin, Ethereum y otras altcoins, puede ayudar a mitigar riesgos.

Además, es importante estar al tanto de las regulaciones y las medidas de seguridad para proteger tus inversiones.

Utilizar herramientas de análisis técnico y fundamental te permitirá tomar decisiones informadas. Las criptomonedas ofrecen la oportunidad de participar en un mercado global y descentralizado, pero es crucial invertir de manera responsable y solo con el dinero que estés dispuesto a perder.

Inversiones en bolsa: La bolsa es otra forma popular de invertir en línea, ofreciendo la oportunidad de comprar acciones de empresas y beneficiarse del crecimiento de estas.

Puedes invertir en bolsa a través de plataformas como Robinhood o E-Trade, que permiten a los usuarios comprar y vender acciones fácilmente desde sus dispositivos.

Antes de comenzar, es fundamental educarse sobre cómo funciona el mercado bursátil, incluyendo conceptos clave como acciones, índices, y diversificación de cartera. Investigar y analizar las empresas en las que planeas invertir es crucial para tomar decisiones informadas.

Estas plataformas también ofrecen herramientas para seguir las tendencias del mercado, ejecutar órdenes de compra y venta, y acceder a análisis y noticias financieras. Además, es importante tener una estrategia de inversión clara, ya sea a corto o largo plazo, y estar preparado para la volatilidad del mercado.

Diversificar tus inversiones y gestionar los riesgos adecuadamente puede ayudarte a maximizar tus rendimientos y alcanzar tus objetivos financieros.

Inversiones en bienes raíces: Las inversiones en bienes raíces también pueden realizarse en línea a través de plataformas como Fundrise o Roofstock.

Estas plataformas permiten a los inversores comprar propiedades residenciales o comerciales y beneficiarse de los ingresos por alquiler y la apreciación del valor de la propiedad.

Fundrise, por ejemplo, ofrece la posibilidad de invertir en proyectos inmobiliarios diversificados con montos iniciales bajos, proporcionando acceso a un mercado que tradicionalmente requería grandes sumas de capital.

Roofstock, por otro lado, se especializa en la compra de propiedades unifamiliares ya alquiladas, lo que permite a los inversores generar ingresos pasivos de inmediato. Antes de invertir, es importante investigar y entender el mercado inmobiliario, así como las características específicas de cada plataforma.

Evaluar factores como la ubicación, el estado de la propiedad y el potencial de retorno es crucial para tomar decisiones informadas. Las inversiones en bienes raíces ofrecen una forma de diversificar la cartera y protegerse contra la inflación, pero también implican riesgos y requieren una gestión cuidadosa.

Capítulo 5: Trabajos Remotos

Trabajos remotos: Los trabajos remotos son una forma muy popular de ganar dinero en línea. En este capítulo, te mostraremos cómo puedes conseguir un trabajo remoto y cómo puedes maximizar tus ganancias.

Primero, debes identificar tus habilidades y áreas de interés. Plataformas como LinkedIn, Indeed, y Remote.co ofrecen numerosas oportunidades de trabajo remoto en diversos campos, desde programación y diseño gráfico hasta atención al cliente y marketing digital. Crear un perfil profesional bien elaborado y actualizado es esencial para atraer empleadores potenciales.

La redacción de un currículum y una carta de presentación personalizados para cada solicitud puede aumentar tus posibilidades de ser contratado. Además, las entrevistas virtuales son comunes para trabajos remotos, por lo que es importante estar preparado para destacar tus habilidades y experiencia a través de videollamadas.

Una vez que consigas un trabajo remoto, puedes maximizar tus ganancias buscando oportunidades de desarrollo profesional, como cursos en línea y certificaciones que te permitan adquirir nuevas habilidades y aumentar tu valor en el mercado laboral. Además, gestionar tu tiempo de manera eficiente y establecer un espacio de trabajo adecuado en casa te ayudará a ser más productivo y cumplir con tus responsabilidades laborales de manera efectiva.

Por último, considera diversificar tus ingresos ofreciendo servicios freelance o consultoría en tu área de especialización. Plataformas como Upwork y Freelancer pueden ser excelentes lugares para encontrar proyectos adicionales que complementen tu trabajo remoto principal y aumenten tus ingresos totales.

Trabajos remotos en atención al cliente: Muchas empresas contratan a personas para trabajar en atención al cliente desde la comodidad de su hogar.

Estos roles implican asistir a los clientes a través de diversos canales como teléfono, correo electrónico y chat en línea, resolviendo problemas, respondiendo preguntas y proporcionando soporte técnico o de producto.

Para conseguir un trabajo remoto en atención al cliente, es fundamental tener buenas habilidades de comunicación y ser capaz de manejar situaciones de estrés con paciencia y profesionalismo.

Plataformas como Indeed, Remote.co y FlexJobs publican regularmente ofertas de empleo en este campo.

Además, muchas empresas grandes, como Amazon y Apple, tienen programas específicos para contrataciones remotas en atención al cliente.

La formación inicial suele ser proporcionada por la empresa, pero tener conocimientos previos en software de gestión de clientes (CRM) puede ser una ventaja. Este tipo de trabajo ofrece la flexibilidad de horarios y la posibilidad de trabajar desde cualquier lugar, lo que lo convierte en una opción atractiva para quienes buscan un equilibrio entre la vida laboral y personal.

Trabajos remotos en programación: Si tienes habilidades en programación, puedes conseguir un trabajo remoto como programador para empresas de todo el mundo.

La demanda de programadores es alta, y muchas compañías están dispuestas a contratar talento sin importar su ubicación geográfica.

Para empezar, es esencial tener un sólido conocimiento en lenguajes de programación como Python, JavaScript, Java, o C++, así como experiencia con frameworks y herramientas de desarrollo relevantes.

Crear un portafolio en línea que muestre tus proyectos y habilidades puede ayudarte a destacar ante posibles empleadores. Plataformas como GitHub, Stack Overflow Jobs, y Remote OK son excelentes lugares para buscar oportunidades laborales.

Además, sitios web como Upwork y Freelancer permiten encontrar proyectos freelance que pueden convertirse en empleos a largo plazo.

Participar en comunidades de desarrolladores y contribuir a proyectos de código abierto también puede mejorar tu visibilidad y red de contactos. La capacidad de trabajar de forma autónoma, gestionar bien el tiempo y comunicarse efectivamente con equipos distribuidos son habilidades cruciales para tener éxito como programador remoto.

Trabajos remotos en diseño gráfico: Si tienes habilidades en diseño gráfico, puedes conseguir un trabajo remoto como diseñador gráfico para empresas de todo el mundo.

La demanda de diseñadores gráficos es alta, ya que las empresas necesitan constantemente crear contenido visual atractivo para sus productos, servicios y campañas de marketing.

Para empezar, es importante dominar herramientas de diseño como Adobe Creative Suite (Photoshop, Illustrator, InDesign) o alternativas como CorelDRAW y Canva.

Crear un portafolio en línea que muestre tu trabajo y habilidades es crucial para atraer a posibles empleadores. Plataformas como Behance, Dribbble, y LinkedIn son excelentes para exhibir tu portafolio y buscar oportunidades laborales. Sitios web como Upwork,

Freelancer, y 99designs también permiten encontrar proyectos freelance que pueden convertirse en empleos a largo plazo.

Además, participar en concursos de diseño y colaborar en proyectos de código abierto puede mejorar tu visibilidad y red de contactos. La capacidad de trabajar de manera autónoma, gestionar bien el tiempo y comunicarse efectivamente con clientes y equipos distribuidos son habilidades cruciales para tener éxito como diseñador gráfico remoto.

Capítulo 6: Enseñanza en línea y los Trabajos Remotos

Los trabajos remotos han revolucionado la forma en que las personas ganan dinero. Ahora es posible trabajar desde cualquier lugar del mundo con una conexión a Internet y un dispositivo. Si estás buscando emprender en línea, un trabajo remoto es una excelente opción para ti. En este capítulo, te mostraremos cómo puedes conseguir un trabajo remoto y cómo puedes maximizar tus ganancias.

Lo mejor de los trabajos remotos es que te permiten tener flexibilidad en tus horarios y trabajar desde la comodidad de tu hogar. Puedes elegir trabajar en proyectos que te apasionen y que estén alineados con tus habilidades y experiencia.

Además, puedes trabajar con clientes de todo el mundo, lo que te brinda la oportunidad de ampliar tu red de contactos y mejorar tus habilidades de comunicación.

Para conseguir un trabajo remoto, es importante que te prepares adecuadamente. Asegúrate de tener un buen currículum y de que tu perfil en plataformas de trabajo en línea como Upwork, Freelancer y Fiverr, estén completos y actualizados.

También es importante que tengas habilidades especializadas en un área específica, como diseño gráfico, programación o redacción de contenidos. Si no tienes habilidades especializadas, puedes considerar tomar cursos en línea o certificaciones que te ayuden a mejorar tus habilidades.

Una vez que tengas un trabajo remoto, es importante que te enfoques en maximizar tus ganancias. Asegúrate de cumplir con los plazos de entrega, de brindar un servicio de calidad y de mantener una comunicación fluida con tus clientes. Esto te ayudará a ganar la confianza de tus clientes y a obtener trabajos adicionales y recomendaciones.

Así que, los trabajos remotos son una excelente opción para aquellos que buscan emprender en línea. Te brindan flexibilidad, te permiten trabajar en proyectos que te apasionen y te brindan la oportunidad de trabajar con clientes de todo el mundo.

Si estás interesado en conseguir un trabajo remoto, asegúrate de prepararte adecuadamente y de enfocarte en maximizar tus ganancias. ¡Empieza a trabajar en línea hoy mismo y comienza a ganar dinero desde la comodidad de tu hogar!

Enseñanza de idiomas: Si hablas varios idiomas, puedes ofrecer servicios de enseñanza de idiomas en línea a través de plataformas como iTalki o Verbling.

Estas plataformas conectan a profesores con estudiantes de todo el mundo que buscan mejorar sus habilidades lingüísticas. Para empezar, es útil tener una certificación en la enseñanza de idiomas, como TEFL o TESOL, aunque no siempre es obligatorio.

Crear un perfil atractivo y profesional en estas plataformas, destacando tu experiencia, metodología de enseñanza y disponibilidad, puede ayudarte a atraer estudiantes.

Ofrecer lecciones personalizadas y adaptadas a las necesidades individuales de cada estudiante es clave para su éxito y satisfacción. Además, el uso de recursos digitales como presentaciones, videos y ejercicios interactivos puede hacer que las lecciones sean más dinámicas y efectivas.

La flexibilidad de los horarios y la posibilidad de enseñar desde cualquier lugar hacen de la enseñanza de idiomas en línea una opción atractiva para quienes buscan un trabajo remoto.

Al recibir buenas calificaciones y reseñas de tus estudiantes, puedes aumentar tu visibilidad y demanda en estas plataformas, lo que a su vez maximiza tus ingresos.

Enseñanza de habilidades: Si tienes habilidades en programación, diseño gráfico, o redacción, puedes ofrecer servicios de enseñanza de habilidades en línea a través de plataformas como Udemy o Skillshare.

Estas plataformas te permiten crear y vender cursos sobre tus áreas de especialización, llegando a una audiencia global. Para empezar, necesitas desarrollar un plan de curso bien estructurado, que incluya lecciones claras, materiales de apoyo y ejercicios prácticos.

Grabar videos de alta calidad y presentar el contenido de manera atractiva y comprensible es esencial para captar y mantener la atención de los estudiantes. Promocionar tu curso en redes sociales, blogs y comunidades en línea puede aumentar su visibilidad y atraer más inscripciones.

Además, responder a las preguntas de los estudiantes y actualizar el contenido regularmente puede mejorar la experiencia de aprendizaje y generar buenas reseñas.

Las plataformas como Udemy y Skillshare ofrecen herramientas y soporte para ayudarte a crear, lanzar y gestionar tus cursos, permitiéndote generar ingresos pasivos mientras compartes tus conocimientos y habilidades con otros.

Enseñanza de música: Si eres músico, puedes ofrecer servicios de enseñanza de música en línea a través de plataformas como Musika o LessonFace.

Estas plataformas conectan a profesores de música con estudiantes de todo el mundo que desean aprender a tocar un instrumento o mejorar sus habilidades musicales.

Para empezar, necesitas crear un perfil detallado que destaque tu experiencia, habilidades y metodología de enseñanza. Es útil tener grabaciones de tus interpretaciones y testimonios de estudiantes anteriores.

Ofrecer lecciones personalizadas que se adapten a las necesidades y niveles de los estudiantes es clave para su progreso y satisfacción. Utilizar herramientas digitales como partituras en PDF, grabaciones de audio y video, y software de enseñanza musical puede enriquecer la experiencia de aprendizaje.

La flexibilidad de enseñar desde cualquier lugar y la posibilidad de establecer tus propios horarios hacen de la enseñanza de música en línea una opción atractiva.

Responder rápidamente a las preguntas de los estudiantes y proporcionar feedback constructivo puede mejorar la retención de estudiantes y generar buenas reseñas, aumentando así tu visibilidad y demanda en estas plataformas.

Capítulo 7:
Otras formas de ganar dinero en línea.

Internet ha creado un mundo lleno de posibilidades para aquellos que buscan una forma de ganar dinero desde la comodidad de su hogar. Las opciones son infinitas y las oportunidades están a solo un clic de distancia. Sin embargo, lo más importante es encontrar la forma que mejor se adapte a tus habilidades y necesidades.

Una de las ventajas de ganar dinero en línea es la flexibilidad que te permite tener en tu trabajo. Puedes trabajar desde cualquier lugar y en cualquier momento, lo que te da la libertad de establecer tu propio horario. Además, no tienes que preocuparte por el transporte o la ropa adecuada para la oficina, lo que te permite ahorrar tiempo y dinero.

Otra gran ventaja es que puedes trabajar en lo que te gusta. Si tienes habilidades para escribir, puedes convertirte en un escritor freelance y escribir artículos para diferentes sitios web. Si te gustan las redes sociales, puedes convertirte en un experto en marketing digital y ayudar a las empresas a aumentar su presencia en línea.

Si te encanta enseñar, puedes convertirte en un tutor en línea y enseñar a estudiantes de todo el mundo.

Lo importante es encontrar la forma de ganar dinero en línea que se adapte a tus habilidades y necesidades. Puede que no sea fácil al principio, pero con el tiempo y la dedicación, puedes convertirte en un experto en tu campo y aumentar tus ingresos de manera significativa.

Así que no te rindas y comienza a explorar todas las oportunidades que internet tiene para ofrecer. ¡El éxito está a solo un clic de distancia!

Realización de encuestas: Muchas empresas pagan a los usuarios por realizar encuestas en línea. Plataformas como Survey Junkie o Toluna son ejemplos de sitios web que ofrecen esta oportunidad.

Participar en encuestas es una forma sencilla de ganar dinero desde casa, ya que solo necesitas compartir tus opiniones sobre productos, servicios o temas específicos.

Para empezar, regístrate en una o varias de estas plataformas y completa tu perfil para recibir encuestas que se ajusten a tus intereses y demografía. La cantidad de dinero que puedes ganar varía según la longitud y complejidad de cada encuesta.

Además, algunas plataformas también ofrecen puntos canjeables por dinero en efectivo o tarjetas de regalo. Aunque no te harás rico realizando encuestas, puede ser una buena manera de ganar un ingreso extra en tu tiempo libre.

Es importante ser honesto y consistente en tus respuestas para mantener una buena reputación en estas plataformas y recibir más oportunidades de encuestas.

Venta de productos en línea: Puedes vender productos en línea a través de plataformas como Amazon, eBay o Etsy.

Estas plataformas te permiten llegar a una amplia audiencia global, facilitando la venta de una variedad de productos, desde artículos hechos a mano y vintage en Etsy hasta electrónicos y libros en

Amazon y eBay. Para comenzar, es crucial identificar un nicho de mercado y asegurarte de que tu producto se destaque en términos de calidad y valor. Crear listados detallados y atractivos con descripciones claras y fotos de alta calidad puede aumentar tus ventas.

Además, entender las tarifas y políticas de cada plataforma te ayudará a maximizar tus ganancias. Implementar estrategias de marketing, como promociones y anuncios pagados, puede aumentar la visibilidad de tus productos.

Gestionar bien el inventario y brindar un excelente servicio al cliente, incluyendo respuestas rápidas y envíos puntuales, es fundamental para mantener una buena reputación y obtener reseñas positivas, lo que a su vez puede atraer más compradores y fomentar la lealtad del cliente.

Publicidad en redes sociales: Si tienes una gran cantidad de seguidores en redes sociales, puedes monetizar tu presencia publicando anuncios patrocinados en tu cuenta.

Las marcas y empresas están dispuestas a pagar a los influencers para que promocionen sus productos o servicios, aprovechando su alcance y credibilidad.

Para empezar, necesitas construir una audiencia comprometida y auténtica, ofreciendo contenido de calidad que resuene con tus seguidores.

Una vez que tengas una base sólida, puedes contactar directamente con marcas o unirte a plataformas de marketing de influencers como AspireIQ o Influence.co para encontrar oportunidades de colaboración. Es crucial ser transparente con tu audiencia sobre las publicaciones patrocinadas para mantener la confianza y credibilidad.

Además, es importante seleccionar cuidadosamente las colaboraciones que sean relevantes y beneficiosas para tus seguidores. Ofrecer estadísticas de rendimiento a las marcas, como tasas de participación y alcance, puede aumentar tu atractivo como socio promocional.

Monetizar tu presencia en redes sociales de esta manera puede ser una fuente lucrativa de ingresos mientras compartes contenido que te apasiona.

Creación y venta de cursos en línea: Si tienes conocimientos especializados en alguna área, puedes crear cursos en línea y venderlos a través de plataformas como Teachable o Thinkific.

Estas plataformas te permiten diseñar, organizar y distribuir tus cursos de manera profesional, llegando a una audiencia global.

Para comenzar, identifica un tema en el que tengas experiencia y que sea de interés para potenciales estudiantes. Estructura tu curso en módulos o lecciones, asegurándote de que el contenido sea claro, informativo y atractivo.

Utiliza una combinación de videos, textos, ejercicios y evaluaciones para enriquecer la experiencia de aprendizaje. Teachable y Thinkific ofrecen herramientas para subir y organizar tu contenido, así como para gestionar las inscripciones y los pagos de los estudiantes. Promociona tu curso en redes sociales, blogs y comunidades en línea para atraer estudiantes.

Además, recibir feedback y actualizar regularmente el contenido puede mejorar la calidad del curso y aumentar su atractivo. Crear y vender cursos en línea no solo te permite compartir tus conocimientos, sino también generar ingresos pasivos mientras ayudas a otros a aprender y desarrollarse profesionalmente.

Participación en programas de afiliados: Muchas empresas tienen programas de afiliados que permiten a los usuarios ganar una comisión por cada venta que se realice a través de un enlace personalizado.

Para comenzar, necesitas unirte a programas de afiliados a través de plataformas como Amazon Associates, ShareASale o Commission Junction. Una vez registrado, recibirás enlaces únicos para productos o servicios que puedes promocionar en tu blog, sitio web, o redes sociales.

La clave del éxito en el marketing de afiliados es generar contenido valioso y relevante que atraiga a tu audiencia y los motive a realizar una compra a través de tus enlaces.

Esto puede incluir reseñas detalladas, tutoriales, comparaciones de productos, y recomendaciones personales. Es importante ser transparente con tu audiencia sobre tu participación en programas de afiliados para mantener su confianza.

Monitorear el rendimiento de tus enlaces y ajustar tus estrategias promocionales basándote en los resultados te permitirá maximizar tus ganancias. Participar en programas de afiliados es una forma efectiva de monetizar tu contenido y generar ingresos pasivos.

Realización de tareas simples: Plataformas como Amazon Mechanical Turk o Clickworker ofrecen la oportunidad de realizar tareas simples y recibir pagos por ellas.

Estas tareas, conocidas como microtrabajos, pueden incluir la clasificación de datos, la realización de encuestas, la transcripción de audio, la verificación de detalles en imágenes y la entrada de datos.

Aunque los pagos por tarea suelen ser pequeños, la facilidad y rapidez con la que se pueden completar permiten acumular ingresos con el tiempo. Para comenzar, regístrate en estas plataformas y selecciona las tareas que se ajusten a tus habilidades y disponibilidad.

Mantén un buen rendimiento y precisión para recibir más tareas y mejorar tus ingresos. Este tipo de trabajo es ideal para quienes buscan flexibilidad y la posibilidad de ganar dinero extra en su tiempo libre. Realizar tareas simples en línea es una forma accesible y conveniente de generar ingresos adicionales sin necesidad de habilidades especializadas.

Compra y venta de dominios: La compra y venta de dominios puede ser muy rentable si se tiene conocimiento en el tema y se sabe encontrar dominios valiosos.

Este negocio, conocido como domain flipping, implica adquirir nombres de dominio que tienen un potencial de reventa a un precio más alto. Para empezar, necesitas investigar y entender las tendencias del mercado, buscando nombres de dominio cortos, fáciles de recordar y con palabras clave populares.

Herramientas como GoDaddy Auctions, Sedo y Namecheap pueden ayudarte a encontrar y comprar dominios prometedores. Una vez adquiridos, puedes ponerlos en venta en las mismas plataformas o en mercados especializados en dominios. Promocionar tus dominios en foros de inversionistas y redes sociales también puede aumentar su visibilidad.

El éxito en este campo requiere paciencia, ya que algunos dominios pueden tardar en venderse, pero con una estrategia bien planificada y un buen ojo para las oportunidades, la compra y venta de dominios puede generar ingresos significativos.

Asistente virtual: Los asistentes virtuales pueden realizar tareas administrativas para empresas y emprendedores desde cualquier lugar del mundo.

Estas tareas pueden incluir la gestión de correos electrónicos, la programación de citas, la gestión de redes sociales, la entrada de datos, la investigación y la coordinación de proyectos.

Trabajar como asistente virtual ofrece flexibilidad y la posibilidad de trabajar con una variedad de clientes y sectores. Para empezar, necesitas habilidades organizativas, de comunicación y de gestión del tiempo.

Plataformas como Upwork, Freelancer y Virtual Assistant Jobs son excelentes lugares para encontrar oportunidades. Crear un perfil profesional que destaque tu experiencia y habilidades puede ayudarte a atraer clientes.

Ofrecer un servicio de alta calidad, cumplir con los plazos y mantener una comunicación clara y eficiente son clave para el éxito y la retención de clientes. Trabajar como asistente virtual no solo proporciona ingresos, sino también la oportunidad de desarrollar nuevas habilidades y ampliar tu red profesional.

Traducción de textos: Si hablas varios idiomas, puedes ofrecer servicios de traducción de textos en línea. Este trabajo implica convertir documentos, sitios web, artículos y otros materiales escritos de un idioma a otro, manteniendo la precisión y el contexto del contenido original.

La demanda de traductores es alta, especialmente en sectores como el comercio internacional, la medicina, la tecnología y el derecho. Para empezar, regístrate en plataformas como TranslatorsCafe, Gengo o Upwork, donde puedes encontrar una variedad de proyectos de traducción.

Crear un perfil detallado que destaque tus competencias lingüísticas, experiencia y áreas de especialización puede ayudarte a atraer clientes. Ofrecer traducciones de alta calidad y cumplir con los plazos acordados es crucial para construir una buena reputación.

Utilizar herramientas de traducción asistida por computadora (CAT tools) puede mejorar tu eficiencia y consistencia. Trabajar como traductor en línea no solo te permite ganar dinero, sino también aprovechar tus habilidades lingüísticas y contribuir a la comunicación global.

Edición y corrección de textos: Si tienes habilidades en redacción, puedes ofrecer servicios de edición y corrección de textos en línea.

Este trabajo consiste en revisar y mejorar la gramática, la ortografía, la puntuación, el estilo y la coherencia de documentos como artículos, ensayos, libros, y contenido web.

La demanda de editores y correctores de textos es alta entre escritores, estudiantes, empresas y editoriales que buscan perfeccionar sus escritos. Para empezar, regístrate en plataformas freelance como Upwork, Freelancer, y Fiverr, donde puedes encontrar una variedad de proyectos.

Crear un perfil detallado que destaque tu experiencia y habilidades puede ayudarte a atraer clientes. Ofrecer diferentes niveles de servicio, desde corrección básica hasta edición profunda, puede aumentar tu atractivo para diversos clientes.

Mantener una comunicación clara y proporcionar un trabajo de alta calidad dentro de los plazos acordados es crucial para construir una buena reputación. Trabajar en edición y corrección de textos en línea no solo proporciona ingresos, sino también la oportunidad de contribuir a la creación de contenido bien elaborado y profesional.

Creación y venta de productos digitales: Puedes crear productos digitales como libros electrónicos, cursos en línea, música, y venderlos a través de plataformas como Gumroad o Payhip.

Estos productos son fáciles de distribuir y no requieren inventario físico, lo que los convierte en una excelente opción para generar ingresos pasivos. Para empezar, identifica un área en la que tengas experiencia o talento y crea contenido valioso que pueda atraer a tu público objetivo.

Por ejemplo, escribe un libro electrónico sobre un tema que domines, desarrolla un curso en línea con lecciones detalladas, o produce música original.

Una vez que tu producto digital esté listo, súbelo a plataformas como Gumroad o Payhip, donde puedes gestionar ventas y distribuciones fácilmente. Promociona tus productos a través de tus redes sociales, blogs y listas de correo para atraer más compradores.

Ofrecer actualizaciones y soporte puede mejorar la satisfacción del cliente y generar buenas reseñas. La creación y venta de productos digitales es una excelente manera de monetizar tus habilidades y conocimientos, alcanzando una audiencia global con facilidad.

Como puedes ver, hay muchas formas de ganar dinero en línea. Lo importante es encontrar la que mejor se adapte a tus habilidades y necesidades. Recuerda que el éxito en línea requiere trabajo duro y perseverancia, pero si te esfuerzas y te mantienes enfocado en tus objetivos, seguro que lograrás el éxito que buscas.

Capítulo 8:
La IA en los negocios: Una revolución tecnológica

La IA se refiere a la capacidad de las máquinas para aprender y mejorar automáticamente a través del uso de algoritmos y datos.

La IA ha transformado la forma en que las empresas hacen negocios y ganan dinero en línea. En la actualidad, existen muchas herramientas y aplicaciones de IA disponibles que pueden ayudar a las empresas a automatizar procesos, analizar datos y mejorar la toma de decisiones.

Una de las áreas más impactadas por la IA en línea es el marketing digital. Las empresas pueden utilizar la IA para analizar grandes cantidades de datos de los clientes y crear perfiles de usuario más precisos, lo que les permite crear campañas de marketing más efectivas y personalizadas.

Además, la IA también puede utilizarse para automatizar tareas repetitivas y ahorrar tiempo y costos. Por ejemplo, los chatbots impulsados por IA pueden ayudar a las empresas a responder a preguntas frecuentes de los clientes y brindar soporte técnico sin necesidad de que un ser humano esté presente.

Otro ejemplo de cómo la IA ha revolucionado la forma en que ganamos dinero en línea es a través del comercio electrónico. Las empresas pueden utilizar la IA para analizar los patrones de compra de los clientes y ofrecer recomendaciones de productos personalizadas, lo que puede aumentar las ventas y mejorar la experiencia del usuario.

En resumen, la IA ha tenido un impacto significativo en la forma en que hacemos negocios y ganamos dinero en línea. La automatización y la personalización son solo algunos de los muchos beneficios que ofrece la IA para las empresas y los emprendedores que buscan aprovechar al máximo las oportunidades en línea. ¡El futuro es prometedor para aquellos que están dispuestos a adoptar esta tecnología innovadora!

Creación de chatbots: Puedes crear chatbots que ofrezcan atención al cliente o soporte técnico para empresas que buscan mejorar su servicio al cliente en línea.

Los chatbots pueden manejar consultas comunes, proporcionar información instantánea y resolver problemas básicos, lo que libera tiempo para que los empleados se concentren en tareas más complejas.

Para empezar, necesitas conocimientos en programación y en herramientas de desarrollo de chatbots como Dialogflow, Microsoft Bot Framework o IBM Watson.

Ofrece tus servicios a través de plataformas freelance como Upwork, Freelancer o mediante tu propio sitio web.

Personaliza los chatbots según las necesidades específicas de cada cliente, asegurando que las respuestas sean precisas y coherentes. Además, la integración con sistemas existentes de gestión de clientes (CRM) puede mejorar la eficacia del chatbot.

Mantente actualizado con las últimas tendencias y avances en inteligencia artificial para ofrecer soluciones innovadoras. Crear chatbots no solo ayuda a las empresas a mejorar la eficiencia del servicio al cliente, sino que también puede generar ingresos significativos para ti como desarrollador.

Personalización de contenido: La inteligencia artificial puede ayudarte a personalizar el contenido que ofreces a tus clientes en línea, ofreciendo una experiencia más relevante y atractiva.

Utilizando algoritmos de aprendizaje automático, puedes analizar datos de comportamiento y preferencias de los usuarios para adaptar el contenido a sus intereses específicos. Esto puede incluir recomendaciones de productos, contenido de marketing personalizado, correos electrónicos dirigidos y ofertas especiales.

Herramientas como motores de recomendación, análisis predictivo y procesamiento del lenguaje natural

(NLP) son esenciales para lograr una personalización efectiva. Implementar estas tecnologías puede aumentar la satisfacción del cliente, mejorar la retención y elevar las tasas de conversión.

Para comenzar, utiliza plataformas como Google Analytics, Salesforce Einstein o herramientas de personalización como Optimizely para recopilar y analizar datos del usuario.

Mantente al tanto de las últimas tendencias en inteligencia artificial para mejorar continuamente tus estrategias de personalización. La personalización de contenido no solo enriquece la experiencia del usuario, sino que también impulsa el crecimiento y la lealtad del cliente.

Marketing automatizado: Puedes utilizar herramientas de inteligencia artificial para crear campañas de marketing automatizado que te permitan llegar a un público específico de manera más efectiva.

La IA puede analizar grandes volúmenes de datos para identificar patrones y segmentar tu audiencia con mayor precisión. Herramientas como HubSpot, Marketo y ActiveCampaign permiten automatizar tareas como el envío de correos electrónicos personalizados, la gestión de redes sociales y la creación de anuncios dirigidos.

Estas plataformas utilizan algoritmos de aprendizaje automático para optimizar el contenido y el tiempo de entrega, aumentando así la relevancia y el impacto de tus campañas.

Además, el marketing automatizado puede realizar un seguimiento del comportamiento del usuario en tiempo real, ajustando las estrategias en consecuencia para mejorar los resultados. Implementar estas tecnologías no solo ahorra tiempo y recursos, sino que también mejora la eficiencia y efectividad de tus esfuerzos de marketing.

Al personalizar las interacciones y ofrecer contenido relevante, puedes aumentar el compromiso del cliente, las tasas de conversión y, en última instancia, los ingresos.

Creación de contenidos: Puedes utilizar herramientas de inteligencia artificial para crear contenidos de manera automatizada. Aunque la calidad aún no alcanza el nivel de la creación de contenidos por humanos, estas herramientas son útiles para la producción en masa de contenido básico y repetitivo.

Plataformas como OpenAI's GPT-4, Jarvis, y Writesonic pueden generar artículos, publicaciones en blogs, descripciones de productos y contenido para redes sociales rápidamente.

Estas herramientas analizan grandes volúmenes de datos y utilizan algoritmos de aprendizaje automático para producir textos coherentes y relevantes según las indicaciones proporcionadas.

Esto permite a las empresas mantener una presencia constante en línea, optimizar sus estrategias de SEO y reducir los costos de producción de contenido.

Sin embargo, es importante revisar y editar el contenido generado por IA para garantizar precisión y calidad. La combinación de la creatividad humana y la eficiencia de la IA pueden maximizar la efectividad de la estrategia de contenido, proporcionando tanto cantidad como calidad.

Análisis de sentimientos: La inteligencia artificial puede ayudarte a analizar los sentimientos de los usuarios en las redes sociales, permitiéndote mejorar tus campañas de marketing y publicidad en línea.

Utilizando técnicas de procesamiento del lenguaje natural (NLP), las herramientas de análisis de sentimientos pueden interpretar las emociones expresadas en comentarios, publicaciones y reseñas.

Plataformas como Brandwatch, Hootsuite Insights y Lexalytics te permiten monitorear las menciones de tu marca y evaluar si las opiniones son positivas, negativas o neutrales.

Al comprender cómo se sienten los usuarios sobre tu producto o servicio, puedes ajustar tus estrategias de marketing para abordar preocupaciones, destacar puntos fuertes y mejorar la percepción general de la marca.

Además, este análisis puede identificar tendencias emergentes y la respuesta del público a campañas específicas, permitiéndote tomar decisiones informadas en tiempo real.

La integración del análisis de sentimientos en tu estrategia de marketing no solo mejora la eficacia de tus campañas, sino que también fortalece la relación con tus clientes al mostrar que valoras y respondes a sus opiniones y emociones.

Detección de fraude: La inteligencia artificial puede ayudarte a detectar fraudes en línea, ya sea en transacciones financieras o en la identificación de perfiles falsos en las redes sociales.

Utilizando algoritmos de aprendizaje automático y análisis de patrones, las herramientas de IA pueden identificar actividades sospechosas y anómalas que podrían indicar fraude.

En el ámbito financiero, plataformas como SAS, Kount y Fraud.net analizan grandes volúmenes de datos de transacciones en tiempo real, detectando comportamientos inusuales que podrían ser indicativos de fraude, como transacciones fuera del patrón habitual del usuario o múltiples intentos de compra fallidos.

En redes sociales, herramientas de IA pueden identificar perfiles falsos analizando patrones de comportamiento, análisis de imágenes y la consistencia de la información del perfil.

Implementar soluciones de detección de fraude basadas en IA no solo protege los intereses financieros y la integridad de la información de las empresas, sino que también aumenta la confianza del cliente al proporcionar un entorno más seguro y protegido contra actividades fraudulentas.

Automatización de procesos de negocios: Puedes utilizar la inteligencia artificial para automatizar procesos de negocio, lo que te permitirá reducir costos y aumentar la eficiencia.

Como puedes ver, las herramientas de inteligencia artificial pueden ser de gran utilidad para generar ingresos en línea. Es importante estar actualizado con las últimas tendencias y herramientas de inteligencia artificial para aprovechar al máximo estas oportunidades.

¡Atrévete a explorar y experimentar con estas ideas y podrías encontrar el éxito que estás buscando en línea!

Capítulo 9:
Gana dinero en línea con imágenes digitales

Internet ha creado un mundo lleno de posibilidades para aquellos que buscan una forma de ganar dinero desde la comodidad de su hogar. Las opciones son infinitas y las oportunidades están a solo un clic de distancia. Sin embargo, lo más importante es encontrar la forma que mejor se adapte a tus habilidades y necesidades.

Una de las ventajas de ganar dinero en línea es la flexibilidad que te permite tener en tu trabajo. Puedes trabajar desde cualquier lugar y en cualquier momento, lo que te da la libertad de establecer tu propio horario. Además, no tienes que preocuparte por el transporte o la ropa adecuada para la oficina, lo que te permite ahorrar tiempo y dinero.

Otra gran ventaja es que puedes trabajar en lo que te gusta. Si tienes habilidades para escribir, puedes convertirte en un escritor freelance y escribir artículos para diferentes sitios web. Si te gustan las redes sociales, puedes convertirte en un experto en marketing digital y ayudar a las empresas a aumentar su presencia en línea.

Si te encanta enseñar, puedes convertirte en un tutor en línea y enseñar a estudiantes de todo el mundo.

Lo importante es encontrar la forma de ganar dinero en línea que se adapte a tus habilidades y necesidades. Puede que no sea fácil al principio, pero con el tiempo y la dedicación, puedes convertirte en un experto en tu campo y aumentar tus ingresos de manera significativa. Así que no te rindas y comienza a explorar todas las oportunidades que internet tiene para ofrecer. ¡El éxito está a solo un clic de distancia!

Vender tus diseños en plataformas en línea: Puedes vender tus diseños en sitios web especializados, como Etsy o Redbubble, que te permiten publicar tus diseños y ofrecerlos a una audiencia global.

Estas plataformas son ideales para artistas, diseñadores gráficos y creativos que desean monetizar su trabajo. En Etsy, puedes vender productos físicos como impresiones, tarjetas y otros artículos personalizados.

En Redbubble, puedes subir tus diseños para que sean impresos en una variedad de productos, desde ropa y accesorios hasta artículos para el hogar y papelería. Para comenzar, crea una cuenta y configura tu tienda, subiendo tus diseños con descripciones detalladas y atractivas.

Optimiza tus listados con palabras clave relevantes para mejorar la visibilidad en los motores de búsqueda de la plataforma.

Promociona tus productos en redes sociales y otras plataformas para atraer tráfico a tu tienda.

Además, ofrecer un excelente servicio al cliente, respondiendo rápidamente a las consultas y gestionando eficientemente los pedidos, puede ayudar a obtener buenas reseñas y aumentar las ventas. Vender tus diseños en línea es una excelente manera de compartir tu arte con el mundo y generar ingresos adicionales.

Vender tus diseños a empresas: Puedes vender tus diseños a empresas que buscan imágenes personalizadas para sus sitios web, productos o publicidad.

Muchas empresas necesitan gráficos únicos y atractivos para diferenciarse en el mercado, y están dispuestas a pagar por servicios de diseño de alta calidad. Para ofrecer tus servicios, puedes crear un portafolio en línea que muestre tus mejores trabajos y destacar tu experiencia en diferentes áreas de diseño, como logotipos, banners, infografías y material promocional.

Además de tu propio sitio web, plataformas de freelance como Fiverr o Upwork son excelentes lugares para encontrar clientes. En estas plataformas, puedes crear perfiles detallados, publicar tus servicios y recibir reseñas de clientes satisfechos, lo que aumenta tu credibilidad y visibilidad.

Establecer una comunicación clara y efectiva con los clientes es crucial para entender sus necesidades y entregar diseños que cumplan con sus expectativas. Vender tus diseños a empresas no solo te permite ganar dinero, sino también ampliar tu red profesional y desarrollar tu portafolio con proyectos diversos y desafiantes.

Vender licencias de tus diseños: Puedes vender licencias de tus diseños para su uso en proyectos específicos, como publicidad, folletos, presentaciones, entre otros.

Este modelo de negocio te permite mantener los derechos de autor sobre tu trabajo mientras generas ingresos al permitir que otros lo utilicen bajo ciertas condiciones. Plataformas como Shutterstock, Adobe Stock y iStock son ideales para vender licencias de tus diseños, ya que te proporcionan una amplia audiencia global.

Para empezar, sube tus diseños a estas plataformas y establece los términos de uso y precios de las licencias. Es crucial que tus diseños sean de alta calidad y cumplan con las especificaciones técnicas requeridas por cada plataforma.

Además, promover tus diseños a través de redes sociales y tu propio sitio web puede aumentar su visibilidad y demanda. Vender licencias es una excelente manera de monetizar tu creatividad, ya que te permite obtener ingresos recurrentes cada vez que alguien adquiere una licencia para usar tus diseños en sus proyectos.

Vender acciones de imágenes: Puedes vender acciones de imágenes en sitios web especializados como Shutterstock o iStock, donde los clientes pueden comprar tus imágenes para su uso en publicidad o proyectos.

Este modelo permite a fotógrafos y diseñadores gráficos monetizar su trabajo al ofrecer imágenes de alta calidad que pueden ser licenciadas múltiples veces.

Para comenzar, crea una cuenta en estas plataformas y sube tus mejores fotos o diseños, asegurándote de que cumplan con las especificaciones técnicas requeridas.

Asegúrate de que tus imágenes sean atractivas y relevantes para diversas necesidades comerciales, como marketing, publicaciones en línea y materiales impresos.

Las palabras clave precisas y descripciones detalladas son cruciales para mejorar la visibilidad de tus imágenes en las búsquedas. Además, mantener una cartera diversa y actualizarla regularmente con contenido fresco puede atraer más clientes.

Vender acciones de imágenes es una excelente manera de generar ingresos pasivos, ya que tus imágenes pueden ser compradas y utilizadas repetidamente por diferentes clientes en todo el mundo.

Crear diseños personalizados: Puedes ofrecer tus servicios de diseño personalizado para crear diseños a medida para clientes específicos. Este tipo de trabajo implica colaborar estrechamente con los clientes para entender sus necesidades y objetivos, y luego traducir esas ideas en diseños únicos y efectivos.

Los diseños personalizados pueden incluir logotipos, gráficos para redes sociales, materiales de marketing, ilustraciones y más. Para comenzar, es importante tener un portafolio que muestre tu capacidad para crear diseños personalizados y que destaque tu versatilidad y creatividad.

Plataformas como Fiverr, Upwork y tu propio sitio web pueden ser útiles para promocionar tus servicios y atraer clientes. Comunicarse de manera efectiva con los clientes para captar sus expectativas y ofrecer revisiones y ajustes según sea necesario es clave para el éxito.

Ofrecer diseños personalizados te permite establecer relaciones sólidas con los clientes y obtener ingresos significativos, ya que los proyectos a medida suelen valorarse más que las ventas de diseños genéricos o de stock.

Participar en concursos de diseño: Puedes participar en concursos de diseño en línea que ofrecen premios en efectivo o en productos. Estas competencias son organizadas por empresas, plataformas de diseño y marcas que buscan obtener soluciones creativas para sus necesidades.

Participar en estos concursos te brinda la oportunidad de ganar recompensas mientras muestras tu talento a una audiencia más amplia. Plataformas como 99designs, DesignCrowd y Talenthouse son populares para encontrar estos concursos.

Cada competencia tiene sus propios requisitos y plazos, por lo que es importante leer las instrucciones detenidamente y presentar trabajos que cumplan con los criterios especificados.

Participar en concursos también te permite expandir tu portafolio con proyectos diversos y recibir feedback valioso de los jueces y otros diseñadores.

Aunque no ganes todos los concursos, la experiencia y la exposición pueden ayudarte a mejorar tus habilidades, construir tu reputación y abrir puertas a futuras oportunidades profesionales.

Participar en concursos de diseño: Puedes participar en concursos de diseño en línea que ofrecen premios en efectivo o en productos.

Estas competencias son organizadas por empresas, plataformas de diseño y marcas que buscan obtener soluciones creativas para sus necesidades.

Participar en estos concursos te brinda la oportunidad de ganar recompensas mientras muestras tu talento a una audiencia más amplia. Plataformas como 99designs, DesignCrowd y Talenthouse son populares para encontrar estos concursos.

Cada competencia tiene sus propios requisitos y plazos, por lo que es importante leer las instrucciones detenidamente y presentar trabajos que cumplan con los criterios especificados.

Participar en concursos también te permite expandir tu portafolio con proyectos diversos y recibir feedback valioso de los jueces y otros diseñadores. Aunque no ganes todos los concursos, la experiencia y la exposición pueden ayudarte a mejorar tus habilidades, construir tu reputación y abrir puertas a futuras oportunidades profesionales.

La generación de imágenes digitales es una forma interesante y rentable de ganar dinero en línea. Si eres un artista visual o tienes habilidades en diseño gráfico, asegúrate de explorar todas estas opciones para encontrar la que mejor se adapte a tus habilidades y necesidades financieras. Con creatividad y dedicación, puedes transformar tu pasión por la creación de imágenes en una fuente de ingresos en línea.

Capítulo 10:
Escribe ideas de ganar dinero con videos para youtube

En la actualidad, Youtube se ha convertido en una de las plataformas más populares en el mundo virtual. Además de ser una fuente de entretenimiento para millones de personas en todo el mundo, también se ha convertido en una forma rentable de ganar dinero en línea.

Si tienes habilidades en producción de video, Youtube te ofrece una gran cantidad de oportunidades para ganar dinero. Puedes crear contenido de calidad, atractivo y relevante para tu audiencia, y monetizarlo de varias formas.

Una de las formas más comunes de ganar dinero en Youtube es a través de la publicidad. Algunas marcas y empresas están dispuestas a pagar para que su publicidad se muestre en tus videos. Puedes monetizar tus videos activando la opción de anuncios y, cada vez que un espectador vea o haga clic en un anuncio, tú ganarás una comisión.

Otra forma de ganar dinero en Youtube es a través de las colaboraciones con otras marcas y canales de Youtube. Algunas marcas están interesadas en colaborar con los creadores de contenido y pagarles por la promoción de sus productos o servicios. Además, colaborar con otros creadores de contenido puede ser una forma de ampliar tu audiencia y ganar más seguidores.

Además, si tienes un canal de Youtube con una gran cantidad de seguidores, puedes vender productos digitales o físicos a través de tu canal. Esto puede incluir productos como cursos en línea, libros electrónicos, mercancía personalizada, entre otros.

Si tienes habilidades en producción de video, Youtube te ofrece una gran cantidad de oportunidades para ganar dinero en línea. Lo importante es crear contenido de calidad y relevante para tu audiencia y buscar las mejores formas de monetizarlo. Con perseverancia y dedicación, puedes convertirte en un creador de contenido exitoso y rentable en Youtube. ¡Atrévete a explorar todas las oportunidades que esta plataforma tiene para ofrecerte!

A continuación, te presentamos algunas ideas para que puedas monetizar tus videos en esta plataforma:

Publicidad en tus videos: Puedes monetizar tus videos a través de publicidad. Una vez que alcanzas cierto número de visualizaciones y suscriptores, puedes inscribirte en el programa de socios de YouTube para incluir anuncios en tus videos y recibir ingresos por los clics en los anuncios.

Para ser elegible, necesitas tener al menos 1,000 suscriptores y 4,000 horas de visualización en los últimos 12 meses. Una vez aceptado en el programa, YouTube mostrará anuncios antes, durante o después de tus videos, y recibirás una parte de los ingresos generados por esos anuncios.

Además de los ingresos por anuncios, puedes explorar otras formas de monetización, como el marketing de afiliados, patrocinios y super chats durante transmisiones en vivo. Crear contenido de alta calidad y relevante para tu audiencia es clave para atraer más visualizaciones y suscriptores.

Interactuar con tu comunidad y mantener un calendario de publicación regular también puede ayudarte a crecer tu canal y maximizar tus ingresos publicitarios.

Patrocinios de marcas: Puedes trabajar con marcas para incluir sus productos en tus videos a cambio de una compensación monetaria. Esto puede incluir promocionar productos en tus videos, hacer reseñas de productos o incluso crear contenido exclusivo para la marca.

Para atraer patrocinios, necesitas un canal con una audiencia comprometida y relevante para las marcas que deseas atraer.

Puedes comenzar contactando a las marcas directamente o uniéndote a plataformas que conectan influencers con marcas, como FameBit o Grapevine.

Es crucial ser transparente con tu audiencia sobre las colaboraciones patrocinadas para mantener la confianza y credibilidad. Crear contenido auténtico y de alta calidad que integre los productos de manera natural y relevante puede aumentar la efectividad de las promociones y atraer más acuerdos de patrocinio.

Los patrocinios de marcas pueden ser una fuente significativa de ingresos y también una oportunidad para proporcionar valor adicional a tu audiencia a través de productos y servicios relevantes.

Ventas de productos: Puedes vender productos relacionados con tus videos en línea, como camisetas, productos digitales o incluso ofrecer servicios como consultoría o tutorías.

Esta estrategia te permite monetizar tu contenido y aprovechar tu audiencia leal para generar ingresos adicionales. Por ejemplo, si tienes un canal de fitness, puedes vender ropa deportiva personalizada, programas de entrenamiento digital o sesiones de coaching.

Utiliza plataformas como Teespring para merchandising, Gumroad para productos digitales y tu propio sitio web para ofrecer servicios. Promociona tus productos en tus videos y redes sociales, mostrando cómo benefician a tu audiencia y por qué son únicos.

Además, interactuar con tus seguidores y responder a sus preguntas sobre tus productos puede aumentar la confianza y las ventas. Ofrecer descuentos exclusivos y promociones limitadas también puede incentivar las compras.

Las ventas de productos no solo generan ingresos, sino que también fortalecen la conexión con tu audiencia al ofrecerles algo tangible y valioso relacionado con tu contenido.

Cursos en línea: Si tienes habilidades únicas o experiencia en un tema específico, puedes crear cursos en línea relacionados con tus videos y venderlos a través de tu canal.

Esta estrategia te permite monetizar tu conocimiento y proporcionar un valor añadido a tu audiencia. Plataformas como Teachable, Udemy y Thinkific facilitan la creación y venta de cursos en línea, ofreciéndote herramientas para estructurar tus lecciones, subir contenido y gestionar inscripciones.

Para empezar, identifica un tema en el que tengas experiencia y que sea de interés para tu audiencia. Estructura tu curso en módulos claros y comprensibles, utilizando una combinación de videos, textos, ejercicios prácticos y evaluaciones.

Promociona tu curso en tus videos, destacando los beneficios y resultados que los estudiantes pueden esperar. Ofrecer una introducción gratuita o una vista previa del curso puede atraer más inscripciones.

Interactuar con los estudiantes y actualizar el contenido regularmente puede mejorar la experiencia de aprendizaje y generar buenas reseñas, aumentando así la credibilidad y las ventas de tu curso.

Eventos en línea: Puedes organizar eventos en línea relacionados con tus videos y vender entradas a tus seguidores. Estos eventos pueden incluir webinars, talleres, sesiones de preguntas y respuestas en vivo, demostraciones exclusivas o incluso cursos intensivos.

Organizar eventos en línea te permite interactuar directamente con tu audiencia, ofrecerles contenido exclusivo y personalizado, y generar ingresos adicionales.

Plataformas como Zoom, Crowdcast y WebinarJam facilitan la creación y gestión de estos eventos, permitiéndote vender entradas y gestionar la asistencia de manera eficiente.

Promociona tus eventos a través de tus videos, redes sociales y lista de correos, destacando los beneficios y el valor único que los participantes obtendrán. Ofrecer una sesión gratuita o de bajo costo como introducción puede atraer más interés y suscripciones.

La interacción en tiempo real durante los eventos fortalece la conexión con tu audiencia y proporciona una experiencia enriquecedora que puede fidelizar a tus seguidores y convertirlos en clientes recurrentes.

Patrocinios de eventos: Si tienes una audiencia significativa, puedes trabajar con empresas y marcas para patrocinar eventos en vivo o en línea. Esto implica colaborar con marcas que buscan aumentar su visibilidad y conectar con tu público a través de eventos que organizas.

Los patrocinios pueden cubrir costos de producción, ofrecer productos para sorteos o proporcionar apoyo financiero a cambio de promocionar la marca durante el evento. Para atraer patrocinadores, necesitas un plan detallado que incluya el tipo de evento, el perfil de tu audiencia y los beneficios que la marca obtendrá al asociarse contigo.

Plataformas como Zoom y Eventbrite pueden ayudarte a organizar y gestionar eventos en línea, mientras que la promoción a través de tus videos, redes sociales y lista de correos aumenta la participación y visibilidad del evento. Proporcionar informes de resultados y métricas post-evento a los patrocinadores puede fortalecer la relación y abrir la puerta a futuras colaboraciones.

Los patrocinios de eventos no solo generan ingresos, sino que también añaden valor a tu audiencia mediante la oferta de experiencias mejoradas y exclusivas.

Youtube ofrece muchas formas de ganar dinero con tus videos. Asegúrate de seguir las políticas de monetización de Youtube y buscar colaboraciones con marcas y empresas que estén relacionadas con tu contenido. Con dedicación y esfuerzo, puedes convertir tu pasión por la producción de video en una fuente de ingresos en línea rentable.

Capítulo 11:
Gana Dinero por Internet con Prompts Engeneering para i.a

La ingeniería de prompts es una disciplina relativamente nueva que se ha vuelto muy popular en el campo de la inteligencia artificial. Esta profesión se centra en el desarrollo y la mejora de los sistemas de inteligencia artificial mediante el uso de prompts, que son pequeñas frases o palabras que ayudan a los modelos de lenguaje a comprender mejor las solicitudes de los usuarios.

Si estás interesado en la inteligencia artificial y en cómo puede cambiar el mundo, la ingeniería de prompts es una excelente opción para explorar. Además, es una carrera en rápido crecimiento, con muchas oportunidades emocionantes para aquellos que tienen las habilidades adecuadas.

La ingeniería de prompts es una combinación de ciencia, tecnología, ingeniería y matemáticas (STEM), así como de habilidades creativas y de resolución de problemas. Los ingenieros de prompts trabajan en proyectos desafiantes que requieren un alto nivel de conocimiento técnico, así como la capacidad de pensar fuera de la caja y encontrar soluciones innovadoras a problemas complejos.

Además, la ingeniería de prompts es una carrera muy rentable. Con el aumento de la demanda de expertos en inteligencia artificial, los ingenieros de prompts pueden esperar un salario competitivo y excelentes beneficios.

Si te interesa la ingeniería de prompts, hay muchas opciones para adquirir las habilidades necesarias. Muchas universidades ofrecen programas de grado en ingeniería de prompts, y también hay muchos recursos en línea para aquellos que prefieren aprender de manera autónoma.

La ingeniería de prompts es una carrera emocionante y rentable en el campo de la inteligencia artificial. Si tienes una pasión por la tecnología y la creatividad, y quieres estar en el centro de una de las áreas más emocionantes de la innovación tecnológica, la ingeniería de prompts podría ser la elección perfecta para ti.

Los ingenieros de prompts utilizan técnicas de lenguaje natural y aprendizaje automático para crear modelos de IA que pueden generar texto coherente y relevante.

Si eres un ingeniero de prompts o estás interesado en esta profesión, hay varias maneras de ganar dinero en línea. A continuación, te presentamos algunas ideas:

Vender modelos de prompts personalizados: Puedes ofrecer tus servicios para crear modelos de prompts personalizados para empresas o individuos que buscan soluciones de IA para sus necesidades específicas.

Con el auge de la inteligencia artificial y el procesamiento del lenguaje natural, muchas empresas necesitan prompts optimizados para tareas específicas como chatbots, generación de contenido, y análisis de datos.

Para comenzar, es esencial tener una comprensión profunda de las técnicas de IA y habilidades en programación y desarrollo de modelos. Puedes ofrecer tus servicios a través de plataformas freelance como Upwork, Fiverr, o directamente a través de tu propio sitio web.

Asegúrate de mostrar ejemplos de tu trabajo y testimonios de clientes satisfechos para atraer más clientes. Personalizar prompts según las necesidades del cliente, como su industria, público objetivo y objetivos específicos, es crucial para proporcionar soluciones efectivas.

Además, mantenerse actualizado con las últimas tendencias y avances en IA te permitirá ofrecer servicios de alta calidad y relevancia.

Vender modelos de prompts personalizados es una excelente manera de capitalizar tus habilidades técnicas y ayudar a las empresas a mejorar sus capacidades de IA.

Crear aplicaciones de prompts: Puedes crear aplicaciones de prompts basadas en modelos de IA y venderlas en tiendas en línea como la App Store de Apple o Google Play.

Estas aplicaciones pueden estar diseñadas para una variedad de usos, como asistentes virtuales, herramientas de productividad, generadores de contenido, o plataformas de aprendizaje.

Para comenzar, necesitas tener habilidades en desarrollo de aplicaciones y conocimiento en inteligencia artificial y procesamiento del lenguaje natural. Diseña tu aplicación para ser intuitiva y fácil de usar, asegurándote de que los prompts sean precisos y efectivos para las necesidades de los usuarios.

Una vez desarrollada, registra tu aplicación en las tiendas en línea, optimizando la descripción y las palabras clave para mejorar su visibilidad. Promociona tu aplicación a través de redes sociales, blogs y publicidad digital para atraer descargas.

Ofrecer actualizaciones regulares y soporte técnico puede mejorar la satisfacción del usuario y generar buenas reseñas, aumentando así la credibilidad y el éxito de tu aplicación. Crear aplicaciones de prompts es una excelente manera de monetizar tus habilidades en IA y llegar a una amplia audiencia.

Ofrecer servicios de consultoría: Puedes ofrecer servicios de consultoría en línea para ayudar a empresas y organizaciones a utilizar modelos de prompts en sus proyectos de IA.

Este tipo de consultoría implica asesorar a clientes sobre cómo integrar y optimizar modelos de IA para mejorar sus operaciones, servicios al cliente, y generación de contenido.

Para empezar, necesitas una sólida comprensión de la inteligencia artificial y la capacidad de personalizar soluciones según las necesidades específicas de cada cliente. Puedes promocionar tus servicios a través de plataformas freelance como Upwork o Freelancer, así como mediante tu propio sitio web y redes profesionales como LinkedIn.

Es importante mostrar casos de éxito y testimonios de clientes satisfechos para atraer más clientes. Durante las sesiones de consultoría, proporciona análisis detallados, estrategias personalizadas y capacitación en el uso efectivo de modelos de prompts. Mantenerse actualizado con los avances en IA te permitirá ofrecer las mejores soluciones posibles.

Ofrecer servicios de consultoría no solo te permite compartir tu conocimiento y experiencia, sino también ayudar a las empresas a aprovechar al máximo la tecnología de IA para alcanzar sus objetivos.

Crear contenido para marketing: Puedes ofrecer tus servicios para crear contenido de marketing basado en modelos de prompts para empresas que buscan mejorar su estrategia de marketing en línea.

Utilizando modelos de IA, puedes generar textos persuasivos y optimizados para SEO, como publicaciones en blogs, descripciones de productos, correos electrónicos de marketing y publicaciones en redes sociales.

Para comenzar, necesitas tener una comprensión profunda del marketing digital y habilidades en la utilización de herramientas de IA. Ofrece tus servicios a través de plataformas freelance como Upwork, Fiverr, y Freelancer, o a través de tu propio sitio web.

Muestra ejemplos de tu trabajo y testimonios de clientes para atraer más negocios. Personaliza el contenido para cada cliente según su industria, público objetivo y objetivos específicos.

Mantente actualizado con las últimas tendencias y técnicas de marketing digital para ofrecer contenido relevante y efectivo. Crear contenido para marketing basado en IA no solo ayuda a las empresas a mejorar su presencia en línea y atraer más clientes, sino que también te permite capitalizar tus habilidades técnicas y creativas.

Generar contenido para redes sociales: Puedes ofrecer tus servicios para crear contenido para redes sociales basado en modelos de prompts, como mensajes de bienvenida automáticos en Facebook o respuestas automáticas en Twitter.

Utilizando modelos de IA, puedes diseñar respuestas personalizadas y eficaces que mejoren la interacción y el compromiso con los seguidores. Para comenzar, necesitas conocer bien las plataformas de redes sociales y tener habilidades en programación y uso de herramientas de IA.

Ofrece tus servicios a través de plataformas freelance como Upwork, Fiverr, y Freelancer, o mediante tu propio sitio web y redes sociales profesionales. Personaliza los prompts según la identidad de la marca y su audiencia objetivo, asegurando que las respuestas automáticas sean coherentes y relevantes.

Mantente actualizado con las últimas tendencias en redes sociales y técnicas de IA para ofrecer soluciones innovadoras y efectivas. Generar contenido para redes sociales basado en IA puede ayudar a las empresas a gestionar mejor sus interacciones en línea, mejorar la satisfacción del cliente y aumentar su presencia digital.

Desarrollar chatbots inteligentes: Puedes utilizar tus habilidades en ingeniería de prompts para desarrollar chatbots inteligentes para empresas y organizaciones que buscan mejorar su servicio al cliente en línea.

Los chatbots pueden manejar consultas comunes, proporcionar información instantánea y mejorar la experiencia del usuario al ofrecer asistencia 24/7.

Para empezar, necesitas tener un sólido conocimiento en programación, procesamiento del lenguaje natural (NLP) y herramientas de desarrollo de IA. Plataformas como Dialogflow, Microsoft Bot Framework e IBM Watson son útiles para crear chatbots avanzados.

Ofrece tus servicios a través de plataformas freelance como Upwork o Fiverr, así como tu propio sitio web. Personaliza los chatbots según las necesidades específicas de cada cliente, asegurándote de que respondan de manera precisa y coherente. Mantente actualizado con las últimas tendencias y avances en IA para mejorar continuamente tus soluciones.

Desarrollar chatbots inteligentes no solo ayuda a las empresas a gestionar eficientemente sus interacciones con los clientes, sino que también puede reducir costos operativos y aumentar la satisfacción del cliente, proporcionando respuestas rápidas y precisas a sus consultas.

La ingeniería de prompts es una profesión emergente que ofrece muchas oportunidades para ganar dinero en línea. Si tienes habilidades en esta área, asegúrate de explorar todas estas opciones para encontrar la que mejor se adapte a tus habilidades y necesidades financieras.

Con dedicación y esfuerzo, puedes transformar tus habilidades en ingeniería de prompts en una fuente rentable de ingresos en línea.

Capítulo 12:
Ganar Dinero por Internet es una Excelente Opción

Lo mejor de estos tiempos es que hay muchas maneras diferentes de ganar dinero online a través del teletrabajo. Hemos cubierto 56 opciones hasta ahora, y en este artículo, te mostraremos cuatro opciones más para que consideres.

La primera opción es crear y vender plantillas de diseño gráfico. Si eres un diseñador gráfico talentoso, puedes crear plantillas de alta calidad para todo tipo de diseños, desde folletos hasta logotipos y más. Vender tus plantillas en línea puede ser una forma muy lucrativa de ganar dinero.

La segunda opción es ofrecer servicios de edición y revisión. Si tienes habilidades para escribir y editar, puedes ofrecer servicios en línea para editar y revisar documentos de otros. Muchas personas necesitan ayuda para mejorar su escritura, y si eres bueno en esto, puedes ganar dinero ayudándolos.

La tercera opción es ofrecer servicios de traducción. Si hablas varios idiomas, puedes ofrecer tus servicios de traducción en línea. La demanda de traductores es alta en la era de la globalización, y hay muchas oportunidades para ganar dinero.

Finalmente, puedes crear y vender cursos en línea. Si eres experto en alguna área, puedes crear cursos en línea para compartir tus conocimientos con otros. Los cursos en línea son una forma muy popular de aprender hoy en día, y si creas un curso de alta calidad, puedes ganar mucho dinero.

Estas cuatro opciones son solo algunas de las muchas maneras diferentes en que puedes ganar dinero en línea. Encuentra lo que te apasiona y busca cómo puedes monetizar tus habilidades en línea. Con dedicación y esfuerzo, puedes tener éxito en el mundo del trabajo en línea y ganar dinero desde la comodidad de tu hogar.

Crear y vender plantillas de diseño gráfico

Si eres hábil en diseño gráfico, puedes crear plantillas de diseño para sitios web, redes sociales, tarjetas de presentación y otros materiales de marketing.

Estas plantillas son recursos valiosos para empresas y profesionales que buscan soluciones de diseño rápidas y efectivas. Para empezar, utiliza herramientas como Adobe Photoshop, Illustrator, o Canva para crear plantillas de alta calidad y versátiles.

Asegúrate de que tus diseños sean atractivos y fáciles de personalizar. Puedes vender estas plantillas en línea en sitios como Creative Market o Envato Market, donde miles de diseñadores ofrecen sus productos a una audiencia global.

Optimiza tus listados con descripciones detalladas y palabras clave relevantes para mejorar la visibilidad. Promociona tus plantillas a través de redes sociales y tu portafolio en línea para atraer más compradores. Ofrecer soporte y actualizaciones puede aumentar la satisfacción del cliente y generar buenas reseñas.

Crear y vender plantillas de diseño gráfico es una excelente manera de monetizar tu creatividad y proporcionar valor a otros profesionales.

Ofrecer servicios de edición y revisión: Si eres un escritor experimentado, puedes ofrecer servicios de edición y revisión de textos en línea. Estos servicios son esenciales para autores, empresas y estudiantes que buscan mejorar la calidad y claridad de sus escritos.

Para comenzar, crea un perfil en plataformas freelance como Upwork o Freelancer, destacando tu experiencia y habilidades en edición y revisión. Incluye ejemplos de trabajos anteriores y testimonios de clientes satisfechos para atraer más proyectos.

Puedes ofrecer diferentes niveles de servicio, desde corrección de errores gramaticales y ortográficos hasta revisiones más profundas que mejoren la estructura, el estilo y la coherencia del texto.

Comunicarse efectivamente con los clientes para entender sus necesidades específicas es crucial para proporcionar un trabajo de alta calidad. Ofrecer plazos de entrega rápidos y precios competitivos también puede ayudarte a destacarte en el mercado.

Construir una cartera de clientes fieles puede generar ingresos constantes y expandir tus oportunidades profesionales en el campo de la edición y revisión.

Ofrecer servicios de traducción: Si hablas varios idiomas, puedes ofrecer servicios de traducción en línea para empresas o individuos que buscan traducir documentos, sitios web o materiales de marketing a otros idiomas.

La demanda de traductores es alta debido a la globalización y la necesidad de comunicarse eficazmente en múltiples idiomas. Para comenzar, regístrate en plataformas como Translators Café o Gengo, donde puedes encontrar una variedad de proyectos de traducción.

Asegúrate de crear un perfil detallado que destaque tus competencias lingüísticas y tu experiencia en traducción. Especializarte en un área específica, como la traducción técnica, médica o legal, puede aumentar tu atractivo para ciertos clientes.

Ofrecer traducciones precisas y de alta calidad es crucial para construir una buena reputación. Además, utilizar herramientas de traducción asistida por computadora (CAT tools) puede mejorar tu eficiencia y consistencia. Comunicarse claramente con los clientes para entender sus necesidades y cumplir con los plazos acordados es esencial para el éxito en este campo.

Proporcionar un excelente servicio al cliente puede generar buenas reseñas y repetir negocios, ayudándote a construir una cartera de clientes sólida.

Crear y vender cursos en línea: Si eres un experto en un tema específico, puedes crear y vender cursos en línea en sitios como Udemy o Teachable.

Estas plataformas te permiten llegar a una audiencia global y generar ingresos pasivos mediante la venta de tus conocimientos. Para empezar, identifica un tema en el que tengas experiencia y que sea de interés para potenciales estudiantes.

Estructura tu curso en módulos claros y comprensibles, utilizando una combinación de videos, textos, y ejercicios prácticos. Graba el contenido en video de alta calidad y edítalo para asegurar una presentación profesional.

Además, puedes utilizar herramientas como Zoom o Skype para ofrecer clases en línea en vivo, proporcionando una experiencia interactiva y personalizada a tus estudiantes.

Promociona tu curso a través de redes sociales, blogs y tu lista de correos para atraer más inscripciones. Ofrecer actualizaciones y soporte continuo puede mejorar la satisfacción del estudiante y generar buenas reseñas.

Crear y vender cursos en línea es una excelente manera de monetizar tu conocimiento y ayudar a otros a aprender y desarrollarse profesionalmente.

Espero que estas ideas te inspiren a seguir explorando las muchas maneras en que puedes ganar dinero en línea. Recuerda que hay muchas oportunidades por ahí, solo necesitas encontrar la que mejor se adapte a tus habilidades y necesidades financieras.

Conclusión

En este libro, "60 Maneras de Ganar Dinero por Internet: Cómo Ganar Dinero Online", hemos presentado una variedad de formas comprobadas para generar ingresos en línea.

Desde el freelancing hasta la enseñanza en línea, pasando por el marketing digital y los trabajos remotos, existen innumerables oportunidades disponibles para todos, sin importar tu conjunto de habilidades o intereses.

Lo más importante es identificar qué método se adapta mejor a tus habilidades y objetivos, y luego dedicar tiempo y esfuerzo a desarrollarlo. El mundo digital ofrece la flexibilidad de trabajar desde cualquier lugar y en cualquier momento, proporcionando una oportunidad única para equilibrar la vida personal y profesional.

Esperamos que este libro te haya inspirado y brindado las herramientas necesarias para comenzar tu viaje hacia la independencia financiera en línea. Recuerda, el éxito en el mundo digital requiere perseverancia, adaptación y un compromiso continuo con el aprendizaje. ¡Buena suerte en tu aventura para ganar dinero por Internet!

Esperamos que este libro te haya proporcionado información útil y te haya ayudado a encontrar una forma de ganar dinero en línea que se adapte a tus habilidades y necesidades.

Recuerda que el éxito en línea requiere paciencia, perseverancia y trabajo duro, pero si sigues nuestros consejos y te mantienes enfocado en tus objetivos, seguro que lograrás el éxito que buscas.

Copyright © 2024 Por Pedro Agüero Vallejo.

Todos los derechos reservados

Ninguna parte de este libro puede ser reproducida en cualquier forma o por cualquier medio electrónico o mecánico, incluyendo sistemas de almacenamiento y recuperación de la información, ni sin el permiso por escrito del autor. La única excepción es la mención de un comentarista, que puede citar pasajes breves en sus comentarios.

Advertencia: Este libro está diseñado para proporcionar información y motivación para nuestros lectores. Se vende con el entendido de que el autor no se dedica a prestar ningún tipo de consejo psicológico, legal o ningún otro tipo de asesoramiento profesional.

Las instrucciones y consejos en este libro no pretenden ser un sustituto para el asesoramiento. No hay ninguna garantía expresa o implícita por elección del editor o del autor incluido en ninguno de los contenidos en este volumen. Ni el editor ni el autor individual serán responsables de los daños y perjuicios físicos, psicológicos, emocionales, financieros o comerciales.

Nuestros puntos de vista y derechos son los mismos: Tienes que probarlo todo por ti mismo de acuerdo con tu propia situación, talentos e inspiraciones. Eres responsable de tus propias decisiones, elecciones, acciones y resultados.

OTRAS OBRAS DEL AUTOR

- Hábitos que resaltan tu personalidad
- 13 Hábitos de la gente altamente eficiente
- En busca de la Superación Personal
- Cómo y porqué aprender a sublimar tazas y thermos
- Como Crear un huerto para cultivos en casa
- El camino es la meta
- 13 Habits of highly efficient people
- Habits that highlight your personality
- Turismo de salud y bienestar
- Economías naranja
- Cuándo buscar consejería matrimonial
- La Inteligencia artificial al servicio de la humanidad
- Terapia de pareja cognitivo-conductual (TCC)
- Construye tu imagen de marca como autor
- Paz interior mediante meditación
- El Poder de los Hábitos Cotidianos
- Pasos para que sucedan cosas buenas

- Los Secretos de los millonarios
- Caminando con Cristo
- Plantar, Regar y Esperar en Dios
- Evangelismo- Un Viaje Espiritual
- Cómo ser autodidacta
- Ser positivo: Cómo ser más productivo y exitoso
- Cómo ser optimista
- Caminar es salud
- Cómo eliminar los frenos mentales

Gracias, para ayudarte en tus proyectos digitales, contáctanos: https://<u>pedroaguerovallejo.com</u>

<u>https://www.instagram.com/scritor1</u>

Todos mis libros

www.ingramcontent.com/pod-product-compliance
Lightning Source LLC
Chambersburg PA
CBHW071836210526
45479CB00001B/164